AF299832

SIMPLES FAITS

EXPOSÉS

A LA

RÉUNION ALGÉRIENNE

DU 14 AVRIL 1835.

SIMPLES FAITS

EXPOSÉS

A LA

RÉUNION ALGÉRIENNE

DU 14 AVRIL 1835,

PAR M. LE Bon VIALAR,

PRÉSIDENT DU COMITÉ D'AGRICULTURE,

DÉLÉGUÉ DES COLONS D'ALGER.

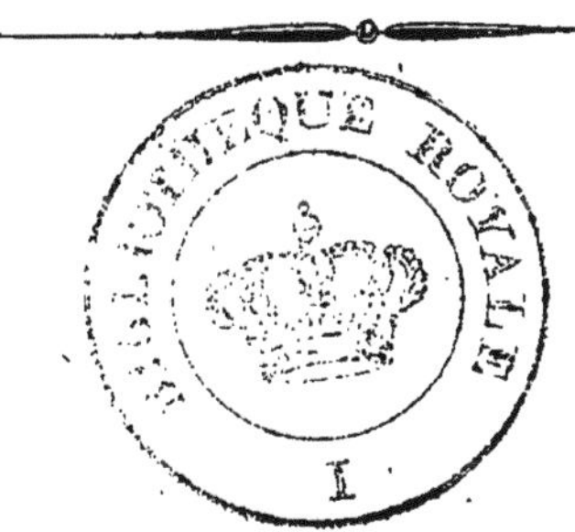

PARIS.

IMPRIMERIE DE FIRMIN DIDOT FRÈRES,

RUE JACOB, N° 24.

1835.

L'auteur de cet exposé a quitté momentanément ses occupations de colon-cultivateur
pour partager une mission de confiance dont
ses concitoyens l'ont honoré. A ces titres il a
dû donner avec ses collègues des renseignements
positifs sur l'état d'Alger, dans une réunion
où l'on attachait du prix à la conservation
de la conquête de nos armes, et aux progrès
de la civilisation. Convaincu que ces sentiments sont plus répandus qu'on ne le suppose,
il publie les demandes qui lui ont été faites,
et ses réponses. Ces pages pourront peut-être
trouver place parmi celles d'une enquête, et
être parcourues par ceux qui aiment à consulter ces sortes de documents.

SIMPLES FAITS

EXPOSÉS

À LA

RÉUNION ALGÉRIENNE

DU 14 AVRIL 1835,

Un membre de l'assemblée prie M. le baron Vialar de faire connaître les motifs qui l'ont déterminé à se fixer à Alger, et de donner quelques détails sur ses entreprises et sur ses travaux.

M. VIALAR. — Je suis allé à Alger à la fin de 1832, sans avoir le projet de m'y fixer. Je m'attendais à faire un voyage beaucoup plus long, car je portais des lettres pour le pacha d'Égypte; mais après avoir examiné le pays, je crus reconnaître qu'il y avait là de grandes affaires à espérer, et d'honorables entreprises à tenter. Je vis que le sol était fertile et l'insalubrité du climat à peu près chimérique. Les obstacles que nous avions à surmonter de la part des indigènes me parurent bien moindres que je ne me l'étais imaginé. Pour nous attacher ces peuples et pour protéger les établissements européens, il y avait, il est vrai, un système complet d'administration à changer, mais je ne doutai pas que dans peu de temps les dévastations et les désordres dont j'étais témoin n'eussent un terme. L'abandon de cette conquête ne me semblait pas alors plus possible qu'aujourd'hui. Quoique, à cette époque, le langage des chefs de l'administration fût beaucoup plus incertain, ils prouvaient assez, par leurs actes, et surtout par l'exécution d'importants travaux d'utilité publique, qu'ils voulaient la conservation et la colonisation de l'ancienne Régence. Je crus entrevoir le temps où cette belle contrée, magnifique don de la Providence, encore aujourd'hui stérile, serait fécondée par le travail, et où plus de vingt départements français accroîtraient les richesses et la puissance de mon pays.

Après plusieurs mois de séjour en Afrique, j'y fis des acquisitions. Je ne cédai point aux conseils que j'aime le plus à suivre. Là où étaient engagés l'intérêt, l'honneur de la France et la cause de la civilisation, il y avait des chances que je voulus courir, et je portai mes pénates sur cette terre, sans avoir cru quitter ma patrie.

A mon arrivée à Alger, les ouvriers y étaient

rares et chers. Je ne pouvais compter sur le zèle et la fidélité d'hommes dont les antécédents m'étaient complétement inconnus. Je fis un voyage en Languedoc; je choisis parmi d'anciens métayers ou domestiques de ma famille trente ouvriers éprouvés. Ils recevaient des gages de 120 à 150 francs; je fis des engagements avec eux moyennant 250 et 360 francs par an. De retour en Afrique, j'ai mis tout mon monde au même taux, car il n'était pas juste que ceux qui travaillaient également fussent moins rétribués. Quelques-uns de mes domestiques, auxquels on a offert des gages plus élevés, les ont refusés, ils ont senti que ce n'était qu'un avantage temporaire qui leur en ferait perdre un plus réel. C'eût d'ailleurs été un déshonneur pour eux, et leur faute aurait bientôt été connue dans leur pays et dans leur famille. Aucun ne m'a abandonné, et je les considère comme de bons et fidèles serviteurs.

Je devais m'attendre à ce que le changement de climat éprouvât leur santé. Plusieurs de mes domestiques ont en effet été atteints de la fièvre dans le courant de l'été dernier, mais les maladies ont été courtes. Ils se sont tous parfaitement rétablis, et comme ils sont mieux nourris et mieux traités qu'en Languedoc, ils

se portent mieux aussi, et se regardent aujour-
d'hui comme acclimatés. Ils ont d'autant plus
raison de le penser, que l'été dernier a été noté,
à Alger, comme un des plus chauds. Toute-
fois le thermomètre centigrade ne s'est élevé
qu'à 28 degrés et demi, et cela seulement dans
la seconde quinzaine d'août.

UN MEMBRE. — Quel est le genre de culture
de vos propriétés et de celles des environs
d'Alger.

M. VIALAR. — Quoique je ne doute pas
que la culture qui doit donner les plus riches
produits, ne soit celle des denrées coloniales,
telles que le coton, l'indigo et la canne à sucre;
je n'ai pas pensé qu'il fût dans mes intérêts
d'entreprendre encore cette culture, ignorant
moi-même la manière de la faire, et très-peu de
personnes la connaissant dans le pays. Cette
année seulement j'ai fait faire des essais. Je
crois que pour se livrer utilement à cette culture, il faut que les terres soient préparées
par de bons labours, par des récoltes sar-
clées, et j'ai voulu d'abord m'assurer de pro-
visions pour la nourriture des hommes et pour
celle du bétail.

Il y a une multitude de difficultés qui en-
tourent l'agriculteur, et que ne soupçonnent

pas les personnes qui vivent dans leur cabinet.
Ainsi je choisis les meilleurs ouvriers du Languedoc; sachant qu'ils ne travailleraient bien qu'avec les instruments qu'ils ont coutume de manier, j'achetai en France tous leurs outils et jusqu'à leur ameublement, afin qu'ils retrouvassent à Alger, autant que possible, leurs anciennes habitudes.

Arrivés à la fin d'octobre, la principale maison d'exploitation que je m'attendais à habiter était encore occupée; il y avait eu erreur dans mon contrat avec les indigènes. Il fallut bivouaquer quinze jours dans la cour d'une masure; je partageai le sort commun, et personne ne murmura.

Les instruments n'arrivèrent pas. Après une longue attente, j'appris qu'ils avaient été engloutis dans la mer. Point de paille, point de fourrages pour les bestiaux. Mes laboureurs ne pouvaient pas travailler avec des bœufs attelés par le cou comme dans le pays, il fallait assujettir ceux-ci au joug du Languedoc, et à Alger aucun charron ne savait en faire. D'un autre côté, les bœufs, accoutumés à traîner par le cou, supportaient difficilement le joug; on fut obligé de les dresser avec patience et de les habituer à un autre langage. Ajouterai-je encore que chacun de mes domestiques veut une charrue tout-à-fait semblable à celle de son canton.

Ainsi la première année s'est passée à construire des maisons, à défricher, à creuser des fossés, à nettoyer des bois d'oliviers et de chênes-liége, et des prairies, à faucher des foins. J'ai fait aussi un peu de grain, des fèves, des vesces, des pois chiches, des pommes de terre. Le maïs m'a réussi admirablement.

Cette année je n'ai que six charrues, et encore n'ai-je pu les mettre en activité que trop tard. Avec les avances que j'ai faites, et les soins que j'ai pris, si la plaine nous avait été ouverte, j'aurais sur le terrain plus de vingt-quatre attelages de labour; mais le massif d'Alger est peu propre à la grande culture, les terres y sont trop accidentées et les propriétés trop divisées. Une surveillance exacte y est presque impossible. Heureusement que j'ai trouvé pour mes exploitations des facilités que je n'avais pas espérées.

A mon arrivée, on ne pouvait affermer que les potagers situés à une portée de fusil de la ville. Pour faire garder les autres propriétés, il fallait non-seulement en abandonner les produits, mais encore payer des gages aux

Européens qui se hasardaient à les habiter. Peu à peu, tandis que les spoliations commises par l'administration durent encore, les dévastations des soldats ont diminué. La crainte des attaques des Arabes s'est dissipée. Presque aussitôt que mes campagnes ont été habitées par mes domestiques et qu'elles ont été réparées, j'ai trouvé des fermiers. Ils avaient besoin d'avances, je n'ai pas hésité à les leur promettre et à leur prêter souvent bien au-delà de nos conventions; mais je ne l'ai fait qu'au fur et à mesure du travail, de manière à avoir des garanties plus que suffisantes. Ces propriétés me rapportent 12, 15 et 20 pour % par an. J'espère que dans peu de temps j'aurai ainsi affermé mes autres terres des environs d'Alger, et que je pourrai disposer de toutes mes forces pour m'établir dans la plaine au mois de novembre prochain.

La première et la seconde année de l'occupation, il n'y a guère eu que quelques propriétaires non cultivateurs qui ont essayé d'exploiter les terres qu'ils venaient d'acquérir. Ils résidaient à Alger, visitaient de temps en temps leurs propriétés, et donnaient des ordres à leurs domestiques. Presque aucun d'eux n'avait fait d'agriculture avant de venir à Alger. Ces essais ne furent pas heureux. Je crois en avoir dit la cause. D'autres colons ont échoué parce qu'ils n'avaient pas mesuré leurs ressources et les dépenses où une exploitation agricole devait les entraîner ; et comme il arrive assez souvent que ceux qui travaillent le moins parlent le plus, il semblait, dans les salons d'Alger, que la culture allait être abandonnée ; cependant quelques véritables cultivateurs avaient réussi ; leur exemple en appelait d'autres.

Dans le courant de 1834, beaucoup de maisons de campagne ont été réparées ; plusieurs de celles qui étaient détruites bien avant notre arrivée, se sont relevées de leurs ruines, d'autres ont été construites à neuf. Le nombre de ces maisons occupées aujourd'hui par des cultivateurs européens est de plus de quatre cents. Les trois quarts des cultivateurs y sont établis depuis 1834. Suivant un rapport adressé, le 30 mars dernier, à l'intendant civil par le directeur de la colonisation, la quantité actuelle des terres cultivées dans le massif d'Alger par les Européens, s'élève à 3392 hectares. Il s'y trouve 18,300 arbres nouvellement plantés, et 25,550 oliviers sauvages déja greffés ou préparés pour la greffe. Ce développement de la culture a eu lieu après une année où la sécheresse a été grande, et qui est citée comme une des plus mauvaises dont on se souvienne. Cette même année, et dans la même circonscription, les indigènes cultivent 2946 hectares de terres. « Les « Maures, est-il dit dans un des derniers rap- « ports faits à la Société coloniale par un Fran- « çais cultivateur (M. Risler), les Maures se font « surtout remarquer dans le mouvement qui « s'opère. La sécurité dont nous jouissons les « a sans doute encouragés ; ils se sont mis à cul- « tiver avec ardeur, mais ils ne perfectionnent « pas encore leurs moyens d'exploitation. Avec « le temps, sans doute, ils modifieront leurs « usages, et la concurrence obtiendra ce que « n'a pu produire l'émulation. »

Le directeur de la colonisation termine ainsi le rapport que j'ai déja cité, et qui s'accorde avec mes propres observations :

« Les fonds employés par les propriétaires « sur les terres qu'ils ont cultivées, sont fort « considérables, par la nécessité de faire de « grandes réparations aux maisons et aux bâ- « timents d'exploitation qui étaient tout-à-fait « en ruine. Quelques-uns ont été obligés de « construire des fermes entières. Au milieu « de l'incertitude qui règne et entrave les en- « treprises, ce qui a été fait depuis un an sur

« le territoire du massif, dont l'exploitation est
« difficile et moins productive que celui de la
« plaine, donne la mesure des rapides progrès
« que fera l'agriculture, lorsqu'il sera possible
« aux colons de s'établir avec sécurité sur les
« propriétés qu'ils ont achetées dans la Mé-
« tidja. En attendant, la protection qui va ré-
« sulter de l'établissement des communes ru-
« rales aux environs d'Alger, due à votre
« sollicitude pour les besoins de l'agriculture,
« va doubler le courage des colons, qui ne
« craindront plus de se voir enlever le fruit de
« leurs travaux. Tout fait donc espérer que,
« l'année prochaine, la quantité de terres cul-
« tivées dans les mêmes circonscriptions, aura
« plus que doublé, et que les broussailles qui
« couvrent presque tous les coteaux, auront
« disparu pour ne laisser voir que d'immenses
« vergers d'oliviers. »

Un Membre. — Quelle est l'étendue des terres
cultivées cette année en denrées coloniales ?

M. Vialar. — Cette année, la Compagnie algérienne a ensemencé quarante arpents en coton ;
M. Chopin, trente ; M. Lacrouts, vingt : MM.
Coupel, Montagne fils, Girot et quelques
autres le cultivent aussi. Parmi les personnes
qui ont entrepris la culture de l'indigo, on

cite M. Vatel, qui en a ensemencé vingt arpents.
M. Nadaud aura trente arpents de tabac de
Virginie. MM. Fougeroux et Meurice ont fait
des essais de cannes à sucre sur une large
échelle.

Un Membre de l'assemblée. — Quel est le
résultat présumé ?

M. Vialar. — Les essais qu'on a déja faits
ont été fort heureux. Le ministre de la guerre
a fait examiner les cotons obtenus au Jardin
d'essais : ils ont été jugés aussi beaux que ceux
de première qualité de l'Amérique. L'indigo
cultivé dans ce jardin, s'est élevé à huit pieds
de haut, et a donné un produit qu'on a com-
paré à l'indigo de Caraccas. Je ne pense pas,
néanmoins, que ces essais aient été assez éten-
dus pour qu'on puisse justement apprécier le
revenu. Je crois même qu'il ne faudra pas
prendre pour base du produit ordinaire de ces
cultures, celui qu'on obtiendra cette année.
Beaucoup de colons n'auront pas semé, tra-
vaillé, récolté aux époques les plus conve-
nables ; ils n'auront pas choisi les meilleures
semences et les terres les plus appropriées. Ce
sont des cultures qu'il faut apprendre. Mais
lorsqu'on voit qu'après des essais répétés, des
colons habitant depuis quelques années le pays,

se livrent, comme à l'envi, à ces exploitations, on ne peut guère douter qu'il n'y ait les chances de succès les plus nombreuses et les plus certaines.

Un Membre demande comment s'opèrent les mutations de propriétés, et s'il est possible de constater leurs limites.

M. Vialar. — Une des premières garanties nécessaires pour entreprendre sur une terre de longs travaux, c'est que cette terre soit acquise à juste titre. Les actes par lesquels les Européens ont acheté des propriétés en Afrique, se sont passés librement avec les anciens propriétaires, et presque toujours devant les magistrats indigènes. Ceux-ci vérifient les titres, constatent l'identité, et lorsqu'il s'agit de l'aliénation, moyennant une rente perpétuelle, de biens substitués, ils s'assurent et certifient dans l'acte que le prix est suffisant. Outre cette rente, les indigènes exigent presque toujours un capital assez fort, et qui, dans les transactions qui se font aujourd'hui, peut égaler cinq années de rente; mais celle-ci est en général plus élevée que celle qu'on aurait pu obtenir avant notre arrivée. Ce fait s'explique aisément lorsqu'on sait que le pays était en décadence depuis cent ans, que nous avons

trouvé un grand nombre de maisons de campagne en ruine, qu'il y a dans la plaine vingt
fois plus de terre que la population indigène
ne peut en cultiver, et que le despotisme et les
exactions des Turcs mettaient encore des en-
traves à la culture. Lorsqu'un propriétaire voulait faire travailler son champ sans prendre
part lui-même à l'exploitation, il s'adressait
à un voisin; celui-ci fournissait seulement les
bœufs et les charrues, et tous les frais de travaux étaient partagés ainsi que les produits (1).
C'était là l'usage du pays. Je l'ai subi la première année; mais les choses changent, car en

---

(1) Quand le propriétaire de la ferme y réside, que
les bœufs, les charrues, les outils, les grains pour semences lui appartiennent, les conditions sont bien
différentes. Il fait un prêt de 5o francs à 1oo francs au
cultivateur. Celui-ci laboure, sème, arrache l'herbe des
champs, les garde pour éloigner les oiseaux, lie les
gerbes, conduit les mules et chevaux sur l'aire dépica-
toire, exécute quelques autres travaux de la ferme, et
n'a pour lui que le cinquième de la récolte des céréales
et autres grains, prélèvement fait des semences et après
paiement de la somme prêtée. Il partage aussi avec le
maître de la ferme, mais par portions égales, le produit
du jardinage. L'Arabe engagé à ces conditions s'appelle
rhemmas.

ce moment j'ai des terres qui sont cultivées par des indigènes avec qui je dois partager la récolte sans entrer d'aucune manière dans les dépenses, à l'exception des semences dont j'ai dû fournir la moitié.

Quant à la délimitation des propriétés, elle ne peut guère être mieux établie que dans les environs d'Alger, où les campagnes sont entourées de haies vives. Les fermes de la plaine ne sont pas bornées d'une manière aussi certaine. Ce sont des accidents de terrain, des groupes de palmiers ou d'autres arbres, des broussailles, des marais, des chemins, d'anciens canaux qui indiquent les limites. Elles sont parfaitement connues des anciens habitants, et il ne faut pas une grande observation pour apprendre à les distinguer.

Un petit nombre de fermes sont possédées par les habitants d'un hameau. Chaque chef de famille a, suivant ses titres d'achat ou de succession, ses morceaux de terre labourable, et une quotité de pâturages et de broussailles qui sont restés indivis. La forme des titres n'est sans doute pas la même qu'en France, mais les droits de la propriété ne sont pas pour cela méconnus. Jusque sur le petit Atlas, j'ai trouvé que le sol était partagé en héritages, et j'ai paru élever un doute peu raisonnable toutes les fois que j'ai demandé aux Arabes si un propriétaire avait le droit d'éloigner de ses terres les troupeaux de ses voisins.

Un Membre. — M. Vialar voudrait-il nous donner quelques détails sur la nature du sol de la Métidja?

M. Vialar. — J'ai parcouru la plaine depuis les bords de l'Hamise jusqu'à Bouffarick, et jusqu'à la tribu d'Edkakéna, peu éloignée de Coléah. J'ai traversé plusieurs fois les tribus de Khrachéna et de Béni-Moussa, et visité la plus grande partie de Béni-Khélil. Dans toute cette étendue, qui n'est pas la moitié de la Métidja, et qui a environ cinquante lieues carrées, je ne crois pas qu'il y ait plus de la vingtième partie des terres qui soit marécageuse. Quant aux cantons qui avoisinent Blida et à la tribu des Hadjoutes, située à l'ouest, j'ai toujours entendu dire aux indigènes et aux Français qu'il y avait là moins de marais que dans l'autre partie de la plaine. Dans les lieux que j'ai parcourus, il y a des terres réputées marécageuses, et qui ne sont pas cultivées par les Arabes parce qu'il faudrait y faire des sillons et quelques fossés. Mais la plupart des plaines de France pourraient aussi bien être regardées comme des marais.

J'ai remarqué qu'habituellement dans le voisinage des marécages, il y avait des familles d'Arabes, qui ne craignaient nullement l'insalubrité du lieu. Dans le pays, lorsqu'on veut parler d'un lieu malsain, on dit qu'il est chaud. J'ai reconnu en effet que les endroits où il y a le plus de fièvres pendant l'été, sont ceux qui regardent l'est ou le sud, et qui sont ainsi exposés aux vents du midi. Lorsque ces vents, après avoir traversé les marais, viennent frapper ces lieux qui ont reflété les rayons les plus chauds du soleil, beaucoup de fièvres se déclarent. Ces maladies sont presque sans danger pour les indigènes; elles n'attaquent pas gravement les Européens acclimatés; mais elles sont quelquefois funestes aux nouveaux venus, surtout s'ils sont mal abrités, et s'ils se livrent aux écarts d'un mauvais régime et aux excès.

Les marais se trouvent généralement près du massif d'Alger. Les eaux du petit Atlas, les sources qui naissent dans la plaine suivent l'inclinaison du terrain jusqu'à ce qu'elles soient arrêtées au pied des coteaux. Il paraît facile de leur donner un écoulement, en les dirigeant soit vers l'est, soit vers l'occident, où elles tomberaient dans l'Hamise, l'Aratch et le Masaffran.

On retrouve partout des traces d'anciens canaux. On voit peu de ruines dans la plaine, probablement parce que les maisons y étaient construites en pisé, comme celles qu'on y trouve encore; les murs ont dû se fondre aux longues pluies du printemps; mais les canaux ne sont pas encore comblés. Je me suis assuré que certains lieux n'étaient marécageux que parce que l'une des branches du canal était engorgée sur un point. Toutes les eaux se rendant dans l'autre branche du canal destiné à l'arrosement, changeaient en marais les terres irrigables. La moindre dépense suffirait pour rendre ces endroits à la fois fertiles et salubres.

Dans la partie située au sud des marais, il n'y a pas de maladies, et les lieux que je crois les plus sains sont voisins du versant nord du petit Atlas, qui les protége à la fois du soleil et du vent du midi.

Il y a une très-vaste étendue de terres derrière les marais; aussi, dans mon opinion, le gouvernement n'a pas à entrer, au moins quant à présent, dans des entreprises de desséchement. Plus tard il devra faire des travaux fort simples, un canal, une large tranchée. Ces travaux ne peuvent être utiles que s'ils sont faits concurremment avec ceux de la culture.

Les desséchements que l'État a fait exécuter, sont un bel exemple ; ils apprennent aux colons comment ils doivent s'y prendre, ils ont donné la certitude qu'on avait beaucoup exagéré ce que coûteraient ces travaux ; mais il y a en ce moment des choses plus utiles à faire. Des routes, quelques chaussées, le déplacement de deux ou trois camps assureront aux troupes un séjour salubre, protégeront nos alliés et livreront à l'agriculture les plus belles terres, celles qui conviennent le plus aux denrées coloniales.

La culture des céréales donne, dans les champs labourables du massif, de 8 à 9 grains. La plaine est évidemment meilleure, et il y a beaucoup d'endroits qui sont irrigables. Les Arabes ne font ordinairement qu'un labour ; ils jettent le grain sur le chaume ou plutôt sur la prairie. Ils obtiennent ainsi, dans la Métidja, 10 à 12 grains de froment pour un de semence. Dans les bonnes années, l'orge leur donne jusqu'à 25 grains. Comme ils sèment trop tard, et que la terre, grattée seulement à la surface, ne s'imbibe pas assez de la pluie et de la rosée, les récoltes sont plus inégales qu'en France. Leur abondance dépend de celle des pluies.

Les agriculteurs indigènes les plus habiles sèment le blé, ensuite l'orge, et puis ils laissent reposer la terre pendant un an. Mais le plus souvent ils fatiguent la terre en lui demandant, plusieurs années de suite, la même récolte ; aussi ai-je trouvé que leur blé est généralement clair et rempli d'herbes, quoique les épis soient superbes.

La paresse, autant que l'ignorance de la bonne culture, les porte à suivre cette routine. Les jachères sont plus dures à labourer, et les terres qui sont restées plusieurs années dans cet état se remplissent d'oignons de scille, d'autres plantes bulbeuses, et quelquefois de broussailles qu'il est difficile d'arracher. Il faudrait travailler au moins une fois avant de semer. Les Arabes évitent une semblable tâche, et préfèrent labourer les terres qui ont été remuées l'année précédente.

Je leur ai expliqué la culture telle qu'elle se pratique en France. Si nous faisions tous ces travaux, m'ont-ils répondu, nous aurions des blés hauts comme nos *gourbis* (chaumières). Que nous en reviendrait-il, puisque nous avons de bonnes récoltes sans cela ?

Un Membre. M. Vialar nous a dit qu'il espérait s'établir cette année même dans la plaine :

veut-il bien nous faire connaître ses motifs pour croire que ce projet est exécutable ?

M. Vialar. Si rarement on apprécie les embarras que rencontre à Alger le cultivateur qui veut fonder un établissement, on nous oppose bien souvent des obstacles et des dangers exagérés ou chimériques. En vérité, depuis que je suis ici, on me parle tant de périls de toute espèce, de difficultés insurmontables, que, pour ne pas être ébranlé, j'ai besoin de quitter Alger, tel qu'on le fait ici, et de revenir dans celui que je crois connaître assez bien.

Pendant tout le temps de mon séjour dans ce pays, aucun cultivateur français n'a été victime de l'hostilité des Arabes. Des vols de bestiaux assez nombreux ont été commis; nous avons eu à déplorer, dans l'espace de deux ans, quatre ou cinq assassinats; mais ce sont des crimes isolés, tels qu'il s'en commet dans tous les lieux; et s'il faut s'étonner d'une chose, c'est qu'ils n'aient pas été plus fréquents dans un pays où aucune police n'était organisée.

Aujourd'hui l'autorité prend des mesures vraiment protectrices. Le territoire occupé par les Européens sera divisé en 14 communes. Les chefs-lieux seront comme autant de points de ralliement. En cas d'alerte, la garde communale s'y réunira. Chacun pourra ainsi obtenir et donner à son tour aide et assistance.

Cependant nous avons vécu au milieu des indigènes avec sécurité, et nous n'avons pas eu à nous plaindre de leur voisinage plus que de celui des Français.

La sécurité matérielle nous a moins manqué que la sécurité morale, que la confiance dans l'avenir sans laquelle on ne peut livrer à la terre sa fortune et son travail, et s'abandonner à des entreprises dont le résultat ne s'obtient qu'après plusieurs années de persévérance.

Ce ne sont pas les armes de l'ennemi qui nous ont le plus effrayés, ce sont les discours prononcés du haut d'une tribune française, ces conseils d'abandon de notre conquête, ces paroles de blâme et de calomnie déversées contre des Français, laborieux artisans d'une nouvelle France. Appartenait-il cependant à des hommes d'État de confondre les vrais colons avec quelques aventuriers accourus à l'espoir d'une curée, et repartis presque aussitôt, après avoir chétivement subsisté de maraude et de dévastation? Comme si de semblables moyens d'existence étaient de durée, comme si de pareils misérables pouvaient s'établir et prospérer dans un pays où tout est à créer, où il faut suppléer à tout par le travail et l'industrie !

Pour moi, la présence des Musulmans dans mon voisinage m'a souvent été utile, et jamais encore elle n'a été un obstacle à mes entreprises. Quoique je préfère le travail des ouvriers européens, je me suis souvent servi de Kabyles. Des Maures, des Arabes ont plus d'une fois labouré mes champs, et j'ai fait faire toutes mes constructions par des indigènes, dirigés par un maçon français.

Beaucoup de colons préfèrent employer des indigènes : je citerai M. Couput, l'un de nos meilleurs agriculteurs ; après avoir essayé des ouvriers de toutes les nations, il n'a plus que des Kabyles. Il leur a appris à faucher, à conduire la charrue à la Dombasle et tous les autres travaux. Il est vrai que, pour arriver à ce résultat, il fallait une habileté pratique et une persévérance fort rares.

Les Arabes ne sont pas dévastateurs dans leurs hostilités. On leur reproche, il est vrai, l'incendie des meules de foin et des récoltes de la ferme-modèle. Mais j'ai entendu aussi attribuer ce fait, arrivé avant que je fusse à Alger, à un acte d'imprudence.

Quelques personnes s'imaginent que nous ne pouvons cultiver que derrière des remparts, et jusqu'à présent la charrue des cultivateurs européens a presque toujours devancé les avant-postes. Que sont d'ailleurs la plupart de ces postes? de petits fortins en bois, nommés blockaus, placés à une demi-lieue de distance l'un de l'autre, liés entre eux seulement par un chemin de ceinture, gardés l'été par des Musulmans, habitant les campagnes du massif, et pendant les autres saisons par six soldats français, qui ont ordre, en cas d'attaque, de fermer leur porte et de faire feu du dedans. Voilà les seuls remparts qu'il a été nécessaire d'élever pour encourager la culture, et rarement les colons ont attendu que ces postes mobiles aient été poussés en avant, pour y porter leurs travaux.

Entre le camp de Déli Ibrahim et celui de Tixéraïn, situé à près de deux lieues plus à l'est, il n'y avait aucun poste, et cependant M. de Tonnac demeurait entre ces deux points au canton de Ménerbia. MM. Baccuet et Bernadet avaient des colons sur un autre point intermédiaire, appelé le Kaddous.

La terre de Ben Jaffar, la propriété du général Damremont près de Staouéli, ont été habitées par des Français, tandis que le dernier blockaus était à une demi-lieue en arrière. En ce moment, du côté de Béni Moussa, les blockaus sont sur les coteaux, à une demi-lieue environ de l'Aratch, et le fermier de M. Bonnevialle cultive jusqu'au bord de cette rivière; celui de M. le commandant Sol y a fait des défrichements et a créé un potager là où se trouvait un marais; M. Baudens, mon associé, fait garder, nettoyer et couper nos foins jusqu'à une lieue au-delà de la rivière. L'administrateur de la Compagnie algérienne en fait autant à une lieue plus loin que Douéra, c'est-à-dire à huit lieues d'Alger. Les fermiers de M. le maréchal Clauzel habitent et cultivent depuis un an la ferme d'Oulid Adda, à une lieue de la Maison carrée.

On a demandé au gouverneur général à affermer l'Aouch Chaouch, propriété du Beylik, près Bouffarick, pour y établir des cultures. MM. Caussidou, Rozey et Girot font des préparatifs pour s'établir à l'Aouch-Toutz, entre Douéra et Coléah; MM. Saussine et Mercier comptent incessamment fonder une vaste exploitation sur les bords de la Régaia. Je fais en ce moment, avec M. de Tonnac, des concessions de terre sur une propriété nommée le

Khadra, au pied du petit Atlas (1). Nous nous engageons à habiter au milieu de nos colons, et

---

Une lettre de M. de Tonnac, en date du 19 avril, m'annonce qu'il vient de passer huit jours dans cette propriété située de l'autre côté de la plaine, et en partie sur le petit Atlas. « Nos prairies, m'écrit-il, ont été bien gardées, l'herbe y est très-belle et de première qualité. J'ai donné une étrenne à deux laboureurs de l'Aouch, qui avaient pris le soin de les garder, et je leur ai promis une récompense double, si dans trois semaines les foins sont préservés. Je leur ai dit que mon intention était de venir faucher. Ils m'ont répondu sur leur tête, que je pourrais le faire en toute assurance, et pourvu que j'emmenasse deux ou trois faucheurs, qu'eux-mêmes apprendraient ce travail, et nous aideraient dans cette opération. Sous ce rapport, je crois qu'ils promettent plus qu'ils ne peuvent tenir, car nous savons assez quelle est leur adresse ; mais cela prouve du moins leurs bonnes intentions. Je n'ai eu d'ailleurs qu'à me louer de l'accueil que j'ai reçu de tous les gens de la ferme, et des dispositions dont ils sont animés à notre égard. Nous aurons plus de facilités pour l'établissement de notre village que nous ne comptions. L'avance des fourrages serait un immense avantage. Pour moi, les criailleries des journaux et les raisons de l'autre monde de nos jugeurs de Paris, ne me découragent pas ; au lieu de me refroidir, elles m'animent davantage, et je te jure que quand nous serons à l'exécution, je te seconderai avec persévérance et acharnement. »

nous offrons de payer un dédit de 5oo francs à chaque chef de famille, si nos obligations ne sont pas remplies. La seule condition que nous mettons, c'est que la ligne qui nous sépare des Hadjoutes soit interceptée, d'ici au mois de novembre prochain, par l'occupation de Blida.

M. Lacrouts, associé et administrateur de la maison Luce et comp^e, a adopté un plan analogue au nôtre; il veut établir un grand nombre de familles dans la plaine de *Staouéli*, à l'*Aouch-Kazenadgi*, et dans d'autres grandes propriétés. Le prince Mirski, réfugié polonais, propose au Gouvernement un vaste projet qui a pour but de donner asile à ses compagnons d'infortune, et de fonder une ville nouvelle.

D'après les renseignements qui m'ont été fournis par les comités algériens de Marseille, Toulon, Grenoble, Saint-Marcellin, Voiron, Lyon et Rouen, les sociétés de toutes ces villes, qui ont fait des acquisitions de terres dans la Métidja, sont très-disposées à les faire mettre en culture.

Sans doute ces entreprises, et je suis loin de les avoir toutes énumérées, ne se réaliseront pas immédiatement, mais elles font connaître la direction des esprits à Alger, et l'opinion qu'ont de la situation du pays et de son avenir,

ceux qui le voient de près, et qui sont inté-
ressés à le bien juger.

Il en sera de la plaine comme du massif. Dès
qu'un homme de cœur et d'exécution se sera
établi sur un point éloigné, les imitateurs ne
manqueront pas, et six mois ne seront pas
écoulés sans que le plus entreprenant se voie
entouré de voisins. Sans parler des émigrations
d'Allemands, de Suisses, de Mahonnais, qui se
dirigeront sur Alger, manque-t-il dans notre
pays, de malheureux qui ne peuvent par le travail subvenir à leurs besoins et à ceux de leur
famille, et qui, quoi qu'on puisse dire, n'iront
pas féconder les sables de la Sologne ou le dé-
partement des Landes ?

Les bras ne manqueront pas, l'autorité ne
peut que cesser de mettre des obstacles au dé-
part des ouvriers et des cultivateurs pour Alger. Quand un convoi y fut dirigé en 1831, le
plus grand découragement régnait dans la colonie ; les propriétés rurales étaient assaillies
par les Arabes, et livrées à la dévastation des
soldats. La vie du colon était doublement me-
nacée. Personne ne voulait jeter ses capitaux
sur cette terre, et y perdre son travail. Les
nouveaux venus n'avaient aucun moyen d'existence ; leur arrivée fut un malheur pour eux
et pour la colonie.   3

Cependant, malgré les hésitations du Gouvernement, malgré les fautes et les lenteurs de l'administration, au milieu de craintes paniques, de cris répétés de décadence et d'abandon, le pays a progressé, la population européenne s'y est accrue, elle s'y est fixée ; les colons établis pressent leurs familles et leurs amis de venir les joindre, et aujourd'hui, à moins que nos antagonistes ne parviennent à jeter la terreur dans la colonie, huit cents familles de cultivateurs peuvent y aller, elles y trouveront dès à présent le bien-être dans le travail. En mois de trois ans ce nombre peut être décuplé. Une protection éclairée et active, moins coûteuse qu'une occupation simplement militaire, et cette sécurité morale qu'on s'est plu jusqu'à présent à nous refuser, rendent ce résultat certain, et en promettent un bien plus grand. Pour y parvenir, il n'est pas même nécessaire que les capitaux se dirigent plus vîte vers Alger. Dix millions ont été employés l'année dernière par les colons en frais d'achat, de construction et de culture. Une dépense semblable suffira pour établir au bout de trois ans plus de trente mille cultivateurs dans la Métidja. Une telle population suffirait pour se maintenir dans le pays qu'elle fécondera. Et si elle peut se maintenir, elle doit aussi s'y accroître avec la civilisation européenne.

Les plus grandes difficultés sont vaincues. Lorsque nous avons commencé à cultiver le massif, nos voisins avaient été ruinés pour la plupart par le désordre de l'occupation, aucune tribu n'était soumise, et le Gouvernement ignorait totalement les intérêts et les affaires des Arabes. Aujourd'hui nous allons nous avancer dans les tribus de Khrachena, de Béni-Moussa, et de Béni-Khélil, qui nous sont soumises, dont les cheiks, dont les caïds sont nommés par l'administration française, et qui sont à notre solde. Elles ont besoin de notre protection ; elles sont compromises dans notre cause ; plus que nous elles ont souffert des excursions de l'ennemi. Une police y est établie. Deux cents spahis auxiliaires viennent d'être organisés dans ces tribus, par les soins du colonel Marey, agha, et font respecter l'autorité de nos caïds. Pour arrêter des hommes suspects dans ces parties de la plaine, on ne fait pas même partir de gendarmes ; il suffit d'envoyer un ordre.

Chaque jour on voit s'augmenter le nombre des indigènes sous notre drapeau. Il y a déjà plus de mille Arabes dans nos troupes régulières. Les montagnes au sud de Béni-Moussa et de Khrachena sont habitées par des Arabes de ces tribus. Plus loin, dans cette direction, est une contrée que nous enrichissons par le commerce des huiles, qui s'est tant accru l'année dernière. La tribu de l'Isser, qui est à l'est, assez loin par delà l'Hamise, a des dispositions toutes pacifiques. A l'embouchure de cette rivière se trouve le camp des Aribes, habitant la terre que nous leur avons donnée; armés de nos fusils, ils nous accompagnent dans nos courses et dans nos expéditions. A l'ouest de Béni-Moussa, et au milieu de la plaine, est placé le camp d'Erlon; vers Coléah, à Maelma, celui que le commandant Lamoricière construit avec ses Zoaves, protége le Sahel et la plaine de Staouéli. A ces moyens de protection, qu'on ajoute un régiment de cavalerie aux avant-postes, et l'avancement des camps qui, en ce moment, touchent presque la ville, et les cultivateurs auront plus de sécurité dans la Métidja qu'ils n'en ont jamais eue dans la banlieue d'Alger.

Les colons, en habitant la plaine, peuvent assurer des amis à la France. Ils ont besoin de paix et de sécurité. Ils ne doivent pas espérer le respect pour leurs propriétés, si celles de leurs voisins ne sont pas respectées. Ils seront obligés d'avoir recours aux Arabes ; ils les emploieront dans leurs travaux et leur donneront l'exemple d'une culture perfectionnée. Ceux des indigènes qui voudront s'éloigner pourront le faire. Il y a encore beaucoup de propriétés que les Musulmans n'ont pas vendues, et de long-temps encore il ne manquera pas de terres abandonnées. Mais l'éloignement des Arabes, que je regarderais comme fâcheux, n'est pas à craindre. Les Musulmans qui avaient quitté les campagnes du massif y sont revenus depuis que les colons européens s'y sont établis, et que leurs plaintes plus puissantes ont fait cesser des désordres également nuisibles à tous.

Depuis que nous avons formé à Douéra un camp où règne la discipline, la tribu qui y était fixée autrefois, et qui y possède des terres, a-t-elle abandonné ce lieu? n'y a-t-il pas d'autres tribus qui s'en sont rapprochées?

Lorsque nous nous étendrons dans la plaine, si des mesures de police sont nécessaires pour que le domicile et les usages des Musulmans soient respectés, sans nuire à l'établissement des Français, on n'hésitera pas sans doute à y avoir recours. L'administration, qui est entrée dans des voies sages, ne fera en cela que se conformer aux désirs des colons; ils ont déclaré maintes fois que le rapprochement des populations était le vœu de tous les hommes éclairés et de tous les honnêtes gens; et, dans une circonstance que j'aime à me rappeler (1), ils ont proclamé que le but de la colonisation devait être le bonheur général des hommes.

----

(1) Rapport de M. le baron Vialar à la Société coloniale, 1834, imprimé par ordre de cette Société.

www.ingramcontent.com/pod-product-compliance
Ingram Content Group UK Ltd.
Pitfield, Milton Keynes, MK11 3LW, UK
UKHW020125080726
13614UKWH00005B/2049